Bibliographische Information der Deutschen
Nationalbibliothek
Die Deutsche Nationalbibliothek verzeichnet diese
Publikation
in der Deutschen Nationalbibliographie; detaillierte
bibliographische
Daten sind im Internet über http://dnb.dnb.de abrufbar.

© 2016 Louisa Matu
Herstellung und Verlag:
BoD – Books on Demand, Norderstedt

ISBN: 978-3-7392-3814-2

meiner mutter gewidmet
für die zündschnur

und roger
für den funkenflug

Der Panther

im Jardin des Plantes, Paris

Sein Blick ist vom Vorübergehn der Stäbe
So müd geworden, daß er nichts mehr hält.
Ihm ist, als ob es tausend Stäbe gäbe
Und hinter tausend Stäben keine Welt.

Der weiche Gang geschmeidig starker Schritte,
Der sich im allerkleinsten Kreise dreht,
Ist wie ein Tanz von Kraft um eine Mitte,
In der betäubt ein großer Wille steht.

Nur manchmal schiebt der Vorhang der Pupille
Sich lautlos auf `-.
Dann geht ein Bild hinein.
Geht durch der Glieder angespannte Stille
Und hört im Herzen auf zu sein.

Rainer Maria Rilke

SEIN BLICK IST VOM VORÜBERGEHN DER STÄBE

SO MÜD GEWORDEN, DAß ER NICHTS MEHR HÄLT.

portrait einer älteren frau

berlin, israel, usa –
das scheitern bröckelt
früher oder später aus jeder mauer hervor.
auch aus der eigenen.

so taut das eingefrorene gesicht,
das sie auf einem stock
             (weit über herzenshöhe)
vor sich herträgt,
jahr für jahr etwas an.
der verrat bricht als erstes aus ihren augen:
wie ins wasser gefallene steine,
ziehen sie dort ihre kreise
als pochte und waberte
schon das ganze leben lang
von innen unaufhörlich ihre seele.
heute spiegelt sich darin
einzig noch die entfernung
und ihre frage: 'wird denn der tod nicht müde?'

der geschichte ihrer mattheit
fehlen die worte,
doch wer lesen kann
folgt ihrem weg ins relief …

keine mauer hält was sie verspricht.

lebensfaden

er kreuzt sich mit anderen,

sucht den roten,

entzündet sich,

wird verwoben,

verheddert,

zerschnitten,

neu geknotet,

gespannt,

schlängelt sich,

streckt sich schnurstracks nach vorne,

hängt herunter

und wird schließlich wieder

aufgerollt.

meterware

vogelflug

wurzellos

und mit abgeschlagenen flügeln

blicke ich hinauf zu dem vogelschwarm.

zu hunderten schreien sie

meine sprachlosigkeit hinaus.

als sie plötzlich, wie von unsichtbarer hand,

anheben zum lautlosen flug,

unter ihren schwingen, meine worte.

der moment klettert hinter die wolkenschleier

und schüttelt den kopf

über meinen verschlossenen mund.

orkan

unaufhaltsam
bauen sich solche tage auf,
an denen der sturm
nur dies eine blatt sieht.
das vakuum seines auges
angefüllt mit einem einzigen wunsch:
auflösen bis ins weiß hinein,
aller sinne entledigt.
traumgleiches gleiten
zurück ins unendliche.

lebensabend

erstaunlich,
wieviel tritt auf so eine
hölzerne treppe passt.
dieses schwere, mit pausen versetzte
herunterwärts -

so verloren schließt er die tür
hinter sich,
als könne die vergangenheit
nichts mit ihm anfangen.

es ist ein abwinken in seinen augen,
ein verschämtes lächeln in seinen gesten,
das seine traurigkeit noch mehr entblößt,
als er, wie von weit her,
den hut zum gruß anhebt.

vorbeiziehende tage

er sieht aus
wie ein mensch
ohne anfang.
mittendrin abgesetzt
blickt er sich um
und sucht
seine geschichte.

er sucht sie im erzählen
er sucht sie in seiner art zu gehen
er sucht sie mit ungläubigen augen
im fluss der anderen.

das pendel

scheinbar weiß es nichts mehr

von vergangenen schwüngen,

nichts von den umkehrungen,

den wendepunkten,

oder dem ausholen ins gegenteil.

alles horizontale ist nun vertikal.

reglos in der zeit

nach unten strebend

scheint es starr

seine alten gesetze

zu missachten.

das außen guckt

und klagt betrachtend an

und geht vorbei

ohne ihm auch nur den kleinsten

schubs zu geben.

ohne überschrift

es gibt tage
da ist alles an mensch
zuviel.
jedes wort zu laut,
jede gebärde zu weit.

man wünscht sich fort
und kämpft sich
vom äußeren des orkans
in sein auge hinein.

fassungslos

ein unumrandetes gefühl
das orientierung sucht
und sie nicht finden kann.
das sich verläuft
in eingeübten farben.
das blind und taub
doch alles sieht und hört.
das irgendwann im
rahmen halt findet,
erstarrt im bruchteil
eines lebens.

ausklang

endlich
ist es abend.
kein licht, das mehr stört,
keine ablenkung von draußen,
kaum noch worte.

endlich
ein herunterdrehen der tonspur
mit immer leiseren tönen.
licht
das sich dunkel färbt.

endlich
ein ausklingen des tages
bis immmer kleiner werdende echos
in die nacht hinaus fliehen
zu tagen auf der anderen seite der welt.

endlich
abend. und stille.

sich der nacht
ergeben.

endlich.

IHM IST, ALS OB ES TAUSEND STÄBE GÄBE
UND HINTER TAUSEND STÄBEN KEINE WELT.

stop

wenn nichts mehr hält und alles rennt
und stürzend sich die dinge drängen
dann gibt es kaum ein sehnen mehr
und alles steht im hängen.

dann stolpert, stockt und plötzlich steht:
das ratlose im bild -
sieht nichts als eigne fragezeichen,
mauern und ein schild.

tiefdruck

heute hat der himmel
alles an farbe abgeworfen
und auf den strand geschleudert.

er beugt sich so weit herunter,
dass es keinen horizont mehr gibt
und die wellen scheinbar
aus dem boden hervor gepresst werden.

uferlos, grundlos
kommt das meer daher
und schwimmt nach allen seiten.

zwischen bäumen

das laub, das den boden
um eine schicht dicker werden lässt,
besteht nur noch aus geschrumpfter
trockenheit.
jeder raschelnde schritt
ist ein nachruf auf die zeit
als die blätter noch mehr luft als erde waren.

wochen und monate werden vergehen
bevor sich unser blick wieder aufrichtet
und wir den bäumen dabei zusehen können,
wie sie vorsichtig und leise
ihre grünen kronen aufsetzen,
dichter, voller, satter.
und der wind wieder
mehr spiel als schicksal ist.

schlaflos

diese sommernacht stirbt auf ihrem weg
zu mir nach oben.
die schritte vor meinem fenster
sind winter.
von den häuserwänden zurückgeworfen,
sind sie kalter hall auf gefrorenem boden -
darüber morgenschwer die laue luft.

licht in seiner schwächsten form
kämpft sich übers dach und durchs geäst,
kehrt viel zu früh zu mir zurück.
jetzt erst werden endlich
alle gedanken gegen die wand geworfen.

ich schließe vor dem eiligen morgen
meine augen
und mache dem tag vor
er sei nacht.

das katapult

da ist er wieder.
der große rausschmiss.

inmitten der warmen luft
ziegelt sich in einem einzigen augenblick
eine eiskalte mauer hoch,
die ihn unversehens
hinter die dunkelste seiner türen schleudert.
von innen nach außen weggesprengt,
implodiert er bis ins unkenntliche hinein.

die passanten blicken
auf die reste seiner fassade,
die wenig hergibt
und ihnen doch genügt.

sonniger schatten

sie reist heim

in ihre blauen stunden,

taucht ihr gesicht

in seine worte

und lehnt sich an

seine abwesenheit.

ziellos

an manchen tagen
trägt das gesicht schwarz,
die schultern ergeben sich der schwerkraft
und weder herz noch kopf
ziehen überzeugend in irgendeine richtung.
nur im ungewissen des richtungslosen
erkennt man sich wieder,
läuft wie in trance
seinen eigenen spuren hinterher,
die sich im nichts
verlaufen...

schlagzeilen

ausgefranst

sind die worte,

verschlissen und leer.

dennoch schaffen sie das

anpeitschen der vielen,

avancieren zu schlagparolen

und liefern billige antworten

auf zuvor geschürte ängte.

schwarz/weiß ist nun mal immer einfacher.

und natürlich muss es einfach sein.

wer will noch in farben unterscheiden,

in nuancen und schattierungen?

schwarz-weiß ist fett und sättigt.

und aufgestoßen wird anderswo.

rückkehr im mai

wohin mit diesem zustand?
jeder tag ein jubelnder untergang.

was, wenn selbst
das blätterdach
keinen rückzug mehr bietet
und die tiefen des meeres
nicht mehr reichen?

maps

which way to go

where to turn

what to do

whom to ask

i don't know

i don't know where to put myself

i don't know where to rest.

i don't know what i am right here,

i don't know someplace else.

i don't know what to strive for

i don't know what to keep.

i only know i'll soon explode

or vanish in the scene.

i don't know where to put myself,

it seems there is no rest.

i don't know what is feasible

or even fucking best.

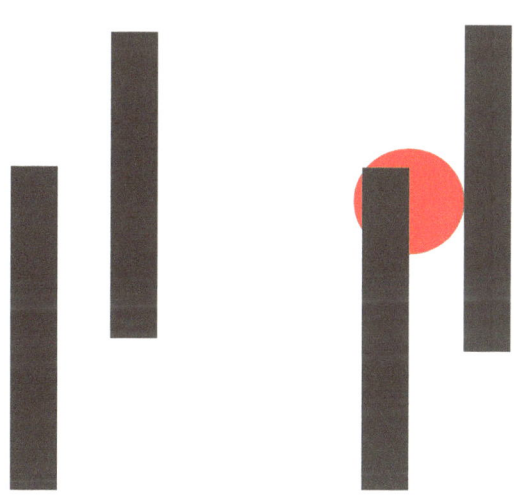

DER WEICHE GANG GESCHMEIDIG STARKER SCHRITTE,

awaiting

a sense of achievement

and as many possibilities

as days are left in front of me.

but still i linger.

not the slightest notion of a motion.

only the place underneath my feet

where i'm comfortably stuck in

is moving ever so slightly.

was machen wir mit unsrer freiheit

da liegt sie vor uns

und wir stehen

mit den händen in den taschen.

wir schauen auf

blicken umher

und all zu oft

laufen wir weiter

mit hängenden schultern.

sea breeze

when i carry my troubles
to the sea, they are picked up
by the wind in an instance.

tossed and turned through the air
tumbled by the waves
crashed against the rocks
and washed against the sand.

diced back to the beach
in front of my feet,
they're so exhausted and
have lost so much weight
that they're almost too light
to be carried back home.

some of them
i leave at the shore to die.

hingetropftes moll

regen wie eine

umarmung des himmels,

mit über dem meer

gesammelten wörtern.

keine kraft den anker

zu lichten. nicht heute.

stattdessen

verweilen im hafen

und warten

auf das ende der geschichte.

premiere

our movements:

half in shadow, half in light.

most of them

bloom in the silence

of an interrupted life.

DER SICH IM ALLERKLEINSTEN KREISE DREHT,

flüchtig sehnsüchtig

nur für die idee eines augenblicks,

für einen kurzen schattenwechsel lang

befällt mich eine meterhohe sehnsucht,

weit und tief wie meine größte schlucht.

das erste aller gesichter

malt sich auf meine leinwand.

- mein blick in deinem, du im ich,

das helle und das dunkle -

fahrerlos und ungelenkt rasen sie durch mich.

ich schaue zu, ähnlich einem gaffer,

wie sich alles türmt, durcheinander

wirft und mehrt,

als mich das ganze in zeitraffer

wie ein zug durchfährt.

du wuchtest so viele gefühle mit dir

dass ich es kaum ertragen kann:

so warm und kalt, so leicht und tief wird mir

als presste man mal eben ein ganzes

menschenleben durch ein nadelöhr.

ich versuche mich in unsrer landschaft

umzusehn.

doch die bewusste stufe ist kaum eingeläutet,

da zerrinnt mir schon das bild

und der moment erlischt -

der abschied war noch nicht mal angedeutet.

jetzt erst formt sich alles ins gefühl,

die sehnsucht ist nun ganz beim ich.

und so laut ich kann, denke ich den satz:

ich vermisse dich!

marktwerdung

welch ungestüm von wort
ganz und gar klingt es nach verlust.
jedes ding, jedes wesen, jeder wert
wird herangesaugt und am preis
festgepflockt.

ich versuche die meinen zu befreien,
sehe aber nichts als aufgescheuerte linien
wo sich die ketten einer diffusen masse
ins fleisch geschnitten haben.
meine rufe bringen sie höchstens
zur sinnlosen raserei.

heulend sehe ich
ihrem lautlosen kampf zu
und hoffe auf wiedergeburt.
ihre, nicht meine.
bloß nicht meine.

fensterfront

ein gesicht wie ein stehkragen,
das im wegdrehen
dem einer eule gleicht.
augen, die wie visiere
ohne jegliche regung der pupille
die umgebung abtasten.

darin liegt weder
erkennen noch ankommen,
keine neugier oder freude,
auch nicht ängstlichkeit.

es ist eine leere bestandsaufnahme,
die von nichts weiter zeugt,
als vergangenem.

ein gesicht, das ohne
gegenwart auskommen muss.

unterwegs

später abend, warten am hauptbahnhof.
flüchtlinge, obdachlose, hängengebliebene.
die verlorenen sieht man überall.
heute gehöre ich zu ihnen,
verliere mich in jeder begegnung
und komme in keiner an.
mir ist nach weinen und küssen zugleich,
doch auch das geht verloren
auf dem pflaster des bahnhofs.
ich schwimme durch die massen,
treibe vorbei an den einzelnen.
tauche unter irgendwo zwischen
heimweh und rückkehr
und einer flucht ins
noch nicht vorhandene.

 IST WIE EIN TANZ VON KRAFT UM EINE MITTE,

puzzle

ich liege in der wohnung verstreut.

auf der couch.

in der badewanne.

vorm computer.

im bett.

vor dem kaffee.

zwischen den fotos.

bei der musik.

über dem papier.

an den stiften.

hinter dem fenster.

unter der decke.

auf dem stuhl.

die stufen hinunter.

und das, wo ich so ungeduldig bin.

sie dreht sich

wie in einer pirouette gefangen,

das außen wird immer schneller überholt sie,

das blut schiebt sich immer weiter

in die peripherie,

die landschaft verschwimmt

in farbigen endlosstreifen

und der fixpunkt am horizont ist irgendwann

auch nur noch ein kreis

um die eigene mitte.

zeitvertreib

in hitze abkühlen

im licht erblinden

durch löcher rennen

gegen mauern federn

im brennglas zerfließen

an worten vorbei springen

sich auf nadelspitzen sammeln

inseln aus dem wasser hebeln

funkenflügen lauschen

gänsehaut einfrieren

zeit zusammenfalten

versteinertes gießen

tränen zerklatschen

wellen verschenken

nach falken greifen

das liebste leben

zeit vertreiben

delirious

my hands get dizzy
in the landscape of my dreams.
my eyes have to run
my feet turn into wings
and my skin is racing
into each possible direction.

but there's no stumbling,
no falling.
not until I have to
wake up again.

ta-daaa

alle gefühlszustände,

lebenslinien, beziehungen, fragezeichen,

verortungspunkte und realitäten.

alle ängste, alle schwimmenden gründe,

alle tanzenden stunden.

alles an licht, was den schatten überstrahlt.

alles unter einem einzigen hut.

und aus dem soll dann am besten

auch noch ein kaninchen gezaubert werden.

ende des abends

der gemeinsame tanz:
aufrecht und stolz hier,
unbeholfen und arhythmisch dort.
innig, fast selbstvergessen,
umklammerung und festhalten im wir.

wie eine verabschiedung des lebens
wirkt diese hingabe an die sehnsucht;
bewegtes schweigen,
langsamer in schritt und schlag
und doch unmöglich
die bewegungslosigkeit.

in ihren zärtlichen gesten
offenbart sich
der letzte aller tänze
mit der ewigkeit.

highlands

here, of all places

i miss you the most.

you couldn't make it

but i took you

under my heart

for company.

i'm sure you feel this.

you see it

through my eyes

and run down my face.

it must be you.

IN DER BETÄUBT EIN GROßER WILLE STEHT.

im laufen

nachts auf dem nachhauseweg.
meine schritte im schnee werden immer
langsamer,
als drückte von allen seiten eine bremse.
ohne zu verstehen was die beine schon wissen
wird mein körper zum ausrufezeichen –
ich bin hier!

für einen moment
fühle ich meine eigene präsenz
und die ganze welt wirft mir ihr okay entgegen,
sieht mich, betrachtet mich und dreht sich
weiter.

dieser stille, einsame moment
wird mein gebundendster.

ich. bin. hier.

manchmal

ein dumpfer schlag

bringt die farbe zum platzen.

das dunkelblau

saugt sich in mir empor,

drückt sich nach außen

und klebt an mir

wie tausend

kalte kacheln –

ein mosaik aus traurigkeit.

hätte würde könnte

die liebe lebt nicht
in konjunktiven.
sie stirbt an ihnen.

words

some words don't fit into a line
they're neither yours nor mine.

these words they even play and fight
and won't be dragged into the light.
some words are merely ink and sound
some words are heavy, some rebound.
these words they give and take
and sometimes even rock and shake.

let's drop them, save them, set them free
and only call them if need be.
far from each shore amidst the ocean
where they are left without a notion.
one day we'll come back, swim and dive
and count how many did survive.

some words won't fit into a line
they're neither yours nor mine.

wintermorgern

der vollmond hängt zwischen
dem lilablaurosé des himmels
und den schwarzkahlen ästen,
in die die elster ihr nest baut.

wie ein kuckucksei legt er sich
dort oben hinein und wartet.
das tageslicht verhängt ihn schließlich
und träger, schwarzer schwingenschlag
verscheucht ihn ganz.

trotzdem werden im frühling
seine lichter schlüpfen, nacht für nacht.
werden täglich ozeane bewegen
und die dunkelheit belichten.

NUR MANCHMAL SCHIEBT DER VORHANG DER PUPILLE

SICH LAUTLOS AUF - .

in between dreams

how often are we really awake?

how many days, how many weeks,
how many years of our lives
are we asleep?
just a hand full of moments
that meet open eyes and ears,
hearts and hands fully opened.

once in a blue moon,
we are blissfully awake.

eingang

morgen will ich damit beginnen,
mich auf den tod vorzubereiten.

um nicht mehr zu sterben.
um auf der richtigen seite des endes zu stehen.
um von dort aus wieder ins leben zu schlüpfen.

vielleicht finde ich so meinen anfang.

ja, vielleicht so.

pretend

that's what we do.

trying hard

to reveal our faults

and dress up our weaknesses

as dwarfs or execrated fairies.

back home, without audience,

they grow to giants again

waiting for us

to meet them

face to face.

interpunktion einer liebe

zuerst kommt ein ausrufezeichen,
das dich schier umwirft!
um den ersten anführungszeichen
„platz zu machen", über den die träume
ins zeitlose hinaus springen...

doch erste gedankenstriche
unterbrechen den fluss –
sind das fragezeichen
in den traurigen augen des gegenüber?

und schließlich

der punkt.   mit glück ein echter

sehr groß die gefahr
(jetzt etwas in klammern zu setzen),

dabei liest doch sowieso
schon jeder die geschichte etwas 'an,ders.

safety matches

a full box of them:

each one

a fevid momentum,

never more.

you light up tealights, candles

(maybe even at both ends).

you can ignite

every single one

without ever starting a fire.

DANN GEHT EIN BILD HINEIN.

GEHT DURCH DER GLIEDER ANGESPANNTE STILLE -

resonanz

wenn veräußertes
zurückgeworfen wird
in neuen wellen,

wenn impulse
aus der leere hinausströmen,

wenn es klingt
ohne zu verklingen

treten wir in resonanz.

mehr in sicht

das meer gibt eine andere kulisse.
der horizont ist unverstellt,
eine gerade linie, die gleichzeitig
alles und nichts erlaubt.
man kann hier beides:
sich einfacher verlieren
am ende des blickes
und leichter finden.
nur hier komme ich dazu.
nur hier kann mein blick
lange genug stand halten.

this morning

it was pitch black

when i left the house.

i didn't go to work.

instead i picked up each and every

lightness i could find

and gradually took off,

travelling around the stars.

but the atmosphere

expanded

and before i knew it

i was back in my shoes.

die verwackelte welt

wer ist schuld?

das motiv

oder der fotograf?

die geduld des papieres

milliarden schnipsel fliegen

im wiegeschritt

wie dicke schneeflocken herunter.

den kopf im nacken

versuche ich keines der fragmente

aus den augen zu verlieren,

den blick fest im schwarzen

nirgendwo verankert.

alles sein steckt im zentrum

dieses stillen fallens.

replaced

yesterday made my heart sink

and pulled it down to my feet.

i was standing on it

for a while until

the day took away all sensation.

ever since, i'm trying to lift it up again

and put it back in place.

martinsabend

die kurzen tage
richten sich im hinteren
ende des jahres ein
und erzählen laternengespickt
von vergangenen wegen
und neuen lichtern.

effortlessly

i can hear myself
falling through the air.
a sound tempting to
close ones eyes to.

neujahrsmond

am hang liegend

strahle ich ihn an.

meine hände ruhen

auf dem harten schnee

und das gelbe licht über mir

fällt mir fast ins gesicht.

es zieht mich in seinen bann

und die krater kratzen an meiner stirn.

leaving

i travel on
but do not leave anything
behind.
the places and faces
that fell into my very core
are with me at all times.
not a day without them.
not one moment lost.

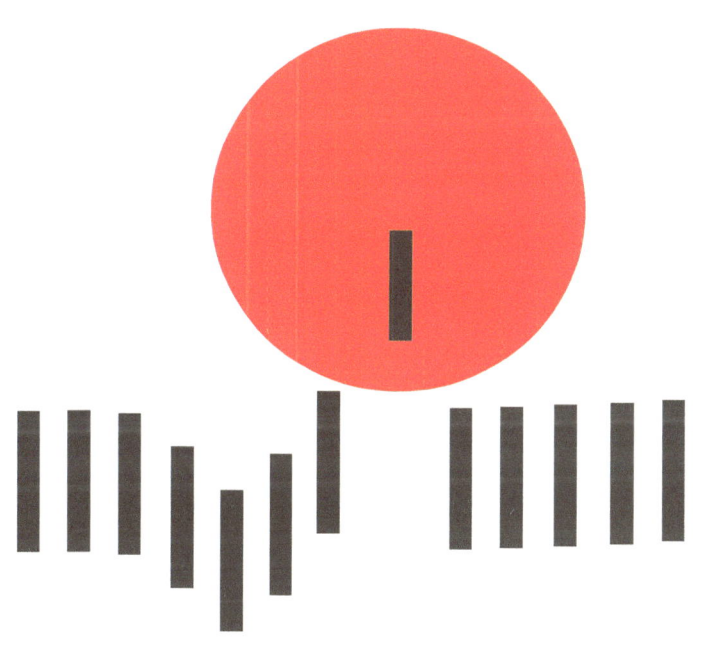

UND HÖRT IM HERZEN AUF ZU SEIN.

am tisch gegenüber

ein gesicht das auf irgendetwas
zu warten scheint –
offenbar ein enttäuschtes warten.
in den blicken zur seite, vorwurf
und auch die in den pulli gestopfte serviette
schützt vor nichts.
in vorhersehbarer asymmetrie
verflüchtigen sich lider und mundwinkel
richtung tisch und lauwarmer suppe.
hastig löffelt sie die flucht hinein,
mehr noch als das warten.

acla

my heart, heavy and light
breathes in the turf smoke and
listens to the crashing waves.
driving through the bog,
passing houses and pubs
the mist slowly reveals
my heartfelt goodbye.

even from a distance
i can see my inmost
sewn onto the cliffs.
turning once more
i realize -
this is my home.
that strangest of feelings
this happy melancholy.
my heart, heavy and light.

sternschnuppen

zigfach
prasseln sie in meine atmosphäre und
an keiner einzigen hängt ein gedanke.

wunschlos glücklich,
lasse ich sie
am dunklen himmelszelt
vorüberziehn.

farbspiel

der himmel entzündet sich

am horizont. rot und violett

flammt er auf.

nicht mal der fluss

kann ihm einhalt gewähren.

im gegenteil:

spiegelnd erklärt er sich als verbündeter

und fließt purpur in der ferne ab.

glück

sich jemandem ganz und gar

schenken zu können,

wie ein lichtgetränktes echolot.

den anderen

sehen

hören

fühlen

und im zusammen erst

das ganze erblicken.

mannanán mc lir

the god of the sea
and the goddess of light
celebrate their marriage tonight.
after shining upon him
all day through,
she softly losens her grip on the sky
and lets herself
slip into his arms for tonight.
flickering with pride and joy
he frees a thousand diamonds
from the bottom of his soul,
each celebrating their reunion.

with all the weight of a day
she moves closer to his touch,
giving herself completely away.
in return, he covers her sleep
with the comforting darkness
of a thousand depths.

vier jahre

kurz halte ich sie,

bis sich die luft in ihr erwärmt,

sie bereit ist hochzusteigen.

dann schwebt die rote laterne nach oben,

nimmt meine bilder von dir

mit in die nacht über'm fluss

und leuchtet – näher als die sterne –

für ein paar momente an meinem himmel.

portugiesische nacht

fast voller mond

und darunter die flutenden wellen und ich.

weiße reiter galoppieren zu meinen füßen,

klettern die hosenbeine

bis zur hüfte empor.

und ziehen mir meine sorgen

unter den füßen hinweg.

von der weißen scheibe ausgeleuchtet,

flüstern sie mir lautstark zu:

bleib bei uns...

tief verwurzelt stehe ich im sand,

mein kinn wird nach oben gezogen

meine lungen entfalten sich zu

ungeahnter größe

inmitten des tosenden meeres.

am horizont die lichter eines frachters

der mich nach hause schickt.

a stranger

for a second

i've found home in your presence.

silent, mutual recognition

of each other's way.

being strangers

who just caught a glimpse,

we parted

with an honest wish.

aufgelöste dimension

unbeobachtet
malt sich manchmal
der himmel auf die erde.
die nässe spannt sich dann
wie ein riesiger spiegel
über den blanken sand.

wolken klettern leise
die klippen empor und
licht wirft hier und da
frühlingsfarben
auf den kahlen berg.

der wind trägt
den geruch des meeres vor sich her
und außer dem stetigen wellenrauschen
das nicht zu verorten ist,
ist die geräuschkulisse
gänzlich leer.
mit welcher ruhe und sanftheit
sich heute die küste zeigt!

über und unter mir
nichts als himmel.

küsse

so viele, so schöne.
neujahrsküsse
willkommens- und
abschiedsküsse
geburtstagsküsse
wiedersehensküsse
zarte, erste
langersehnte
ferne
gut verpackte
verspielte und
gedachte

und der letzte
dieses jahr:
ein salziger -
von poseidon geschenkt.
dieser letzte kuss,
er eroberte mich im sturm
und legte den ganzen atlantik in sich.

die zeit

sie hüpft

und springt.

manchmal umkreist sie,

manchmal spielt sie schleuder.

am schönsten jedoch

ist sie,

wenn sie uns

ganz vergisst.

an einen freund

rosenmontag.
untröstlich
sitze ich im hotelzimmer,
während von irgendwo her
der elvis imitator schmettert:
"always on my mind"

mit whiskey trinke ich auf dich
und durch diese situation hindurch,
die so unpassend-passend ist,
dass sie dir gefallen hätte.

falls mich melancholie befalle,
solle ich einen text daraus machen, sagtest du.
es ist nicht melancholie,
sonderne eine zentnerschwere leere
inmitten der flut.

nichts anderes geht gerade:
ich schreibe, schreibe, schreibe dir
und will nicht abreißen lassen.

bleib!

at the beach

the waves are tossing and turning
enhancing the storm in my head
when finally, all of a sudden,
a seagull catches my gaze.

its cry is laughing at me
and picks up my heart in mid-air.
empty, without fear or sorrow
i follow its circled flight
until, for an endless second,
we're sailing in perfect unisom.

promise

i'm happy.

happy
to hear the thundering of the sea,
to watch the waves crashing onshore,
to witness the mighty scenery of light,
to feel the scrarse rays of sunshine,
that make the wet rocks glimmer.

happy
to meet my friends again,
to have a pint and talk and laugh.
to watch things through their eyes
and find myself in them.

i'm happy.

and at the end of it, above all,
i'm leaving for one reason only:

to return.

www.cafehuckepack.blogspot.de